Impressum
Verlag: BABADADA GmbH, Nedderfeld 112 , 22529 Hamburg
Geschäftsführer / Verlagsleitung: Harald Hof
Druck: Books on Demand GmbH, In de Tarpen 42, 22848 Norderstedt

Imprint
Publisher: BABADADA GmbH, Nedderfeld 112 , 22529 Hamburg, Germany
Managing Director / Publishing direction: Harald Hof
Print: Books on Demand GmbH, In de Tarpen 42, 22848 Norderstedt, Germany

skole

School

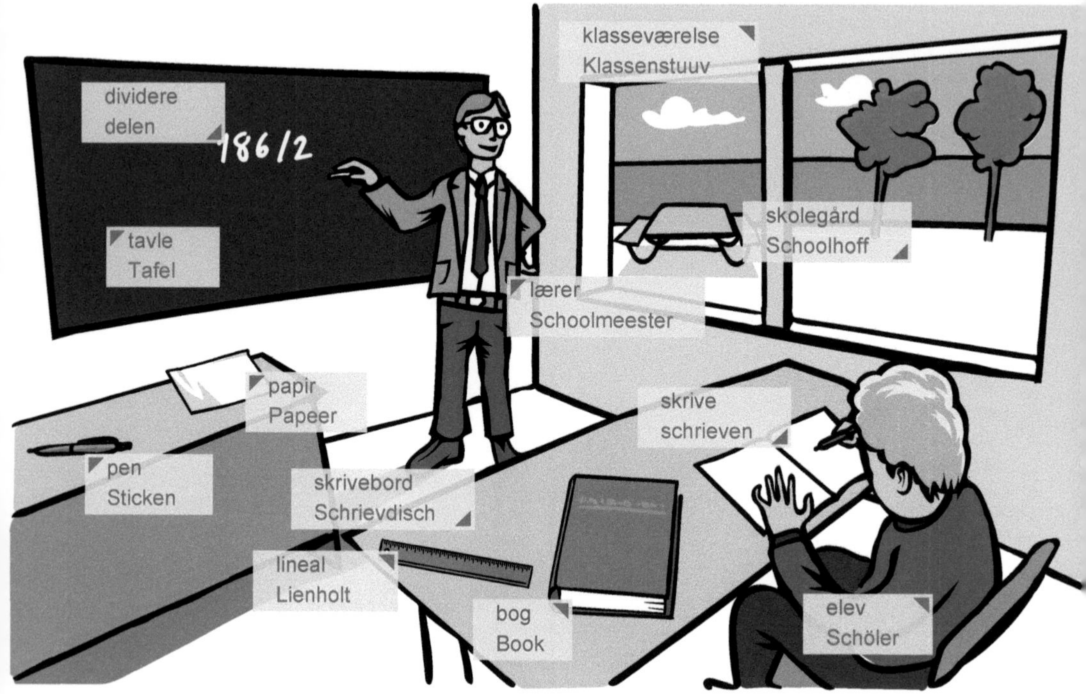

klasseværelse
Klassenstuuv
dividere
delen
186/2
tavle
Tafel
skolegård
Schoolhoff
lærer
Schoolmeester
papir
Papeer
skrive
schrieven
pen
Sticken
skrivebord
Schrievdisch
lineal
Lienholt
bog
Book
elev
Schöler

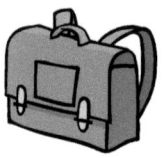

skoletaske

Ranzel

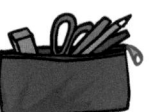

penalhus

Feddermapp

blyant

Bleesticken

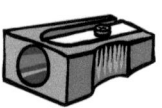

blyantspidser

Scharpmaker

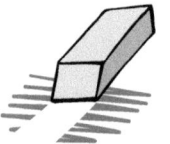

viskelæder

Radeergummi

tegneblok

Tekenblock

tegning

Teken

pensel

Pinsel

æske med vandfarver

Malkassen

saks

Scheer

lim

Klever

opgavehefte

Heft to'n Öven

lektie

Huusopgaav

12

tal

Tall

2+2

addere

tohooptellen

5-2

subtrahere

aftrecken

2×2

multiplicere

malnehmen

regne

reken

A

bogstav

Bookstaav

ABCDEFG
HIJKLMN
OPQRSTU
VWXYZ

alfabet

ABC

hello

ord

Woort

tekst

Text

læse

lesen

kridt

Kried

time

Stunn

klasseprotokol

Klassenbook

eksamen

Pröven

karakterbog

Tüügnis

skoleuniform

Schooluniform

uddannelse

Utbillen

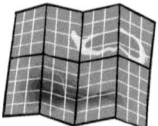

leksikon

Nakieksel

universitet

Universität

mikroskop

Mikroskop

kort

Koort

papirkurv

Papeerkorf

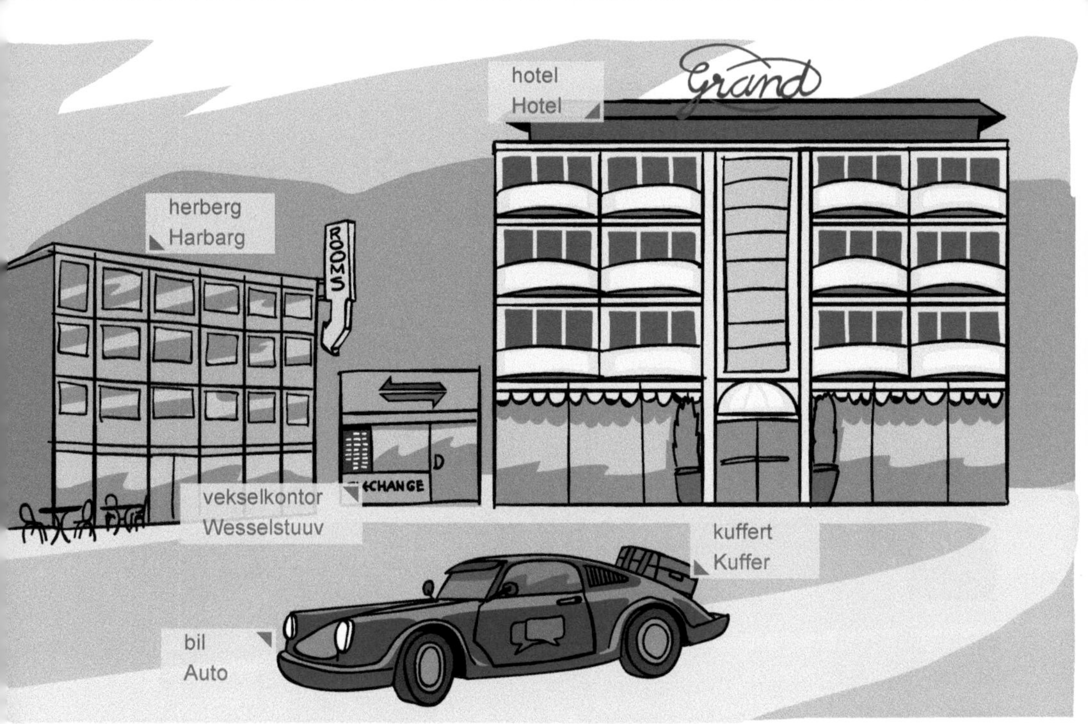
hotel
Hotel
Grand
herberg
Harbarg
ROOMS
vekselkontor
Wesselstuuv
EXCHANGE
kuffert
Kuffer
bil
Auto

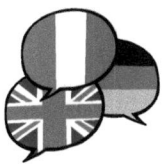

sprog
Spraak

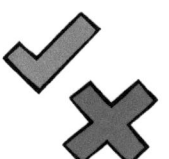

ja / nej
jo / ne

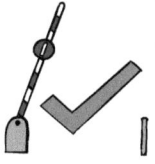

okay
Jo

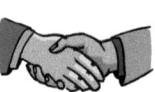

hej
Moin

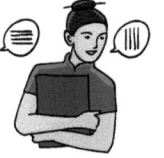

oversætter
Översetter

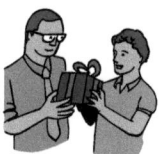

tak
Dank ok

hvad koster...?

Wat kost...?

Jeg forstår ikke

Ik verstah nich

problem

Problem

God aften!

Goden Avend

God morgen!

Moin!

God nat!

Gode Nacht!

farvel

Tschüüs

retning

Richt

bagage

Bagaasch

taske

Tasch

rygsæk

Rüchsack

gæst

Gast

værelse

Stuuv

sovepose

Slaapsack

telt

Telt

turistinformation

Touristeninformatschoon

strand

Strand

kreditkort

Kreditkoort

morgenmad

Fröhstück

middagsmad

Meddageten

aftensmad

Avendeten

billet

Fohrkort

elevator

Fohrstohl

frimærke

Breefmark

grænse

Grenz

told

Toll

ambassade

Bottschop

visum

Visum

pas

Pass

transport

Transport

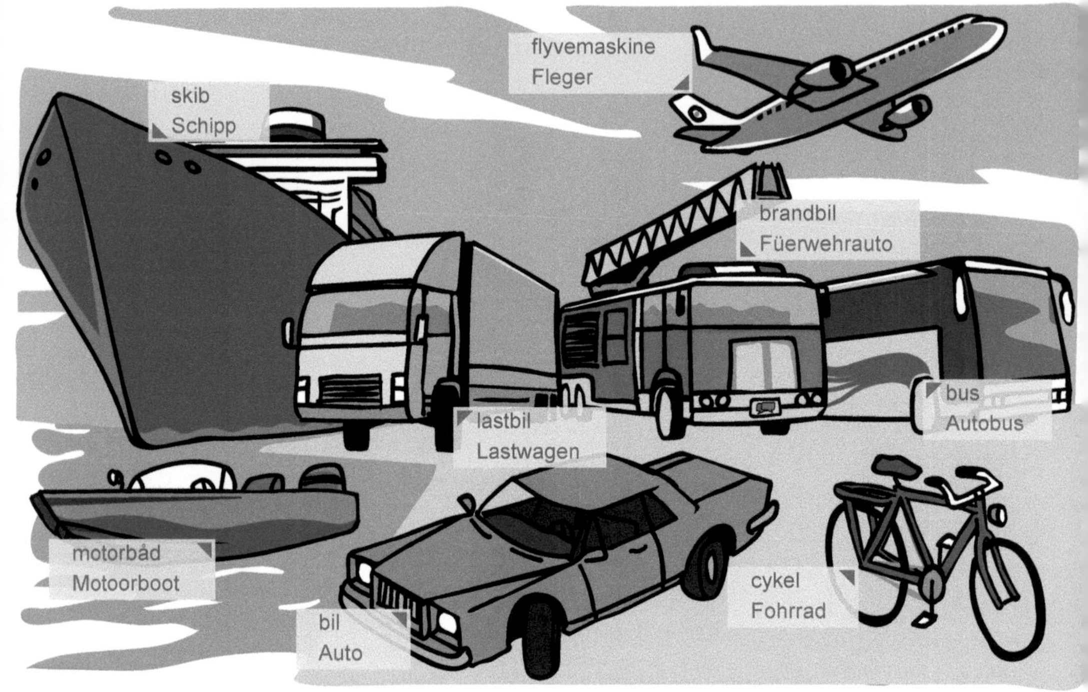

flyvemaskine
Fleger
skib
Schipp
brandbil
Füerwehrauto
lastbil
Lastwagen
bus
Autobus
motorbåd
Motoorboot
cykel
Fohrrad
bil
Auto

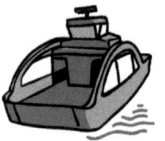

færge

Fähr

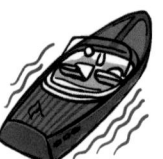

båd

Boot

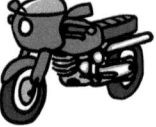

motorcykel

Motoorrad

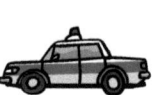

politibil

Polizeiauto

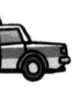

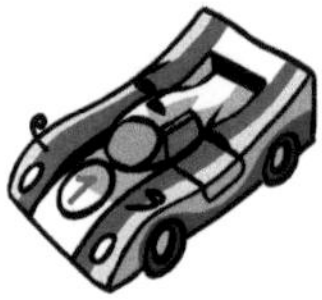

racerbil

Rönnauto

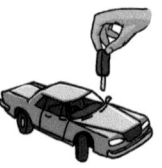

lejebil

Lehnwagen

samkørsel

Carsharing

kranbil

Afsleepwagen

skraldebil

Müllauto

motor

Motoor

benzin

Kraftstoff

tankstation

Tanksteed

trafikskilt

Verkehrsschild

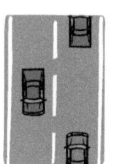

trafik

Verkehr

trafikprop

Stau

parkeringsplads

Afstellplatz

banegård

Bahnhoff

skinner

Sporen

tog

Tog

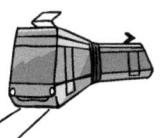

sporvogn

Stratenbahn

wagon

Wagon

helikopter
Dwarsmöhl

lufthavn
Flooghaven

tårn
Tower

passager
Fohrgast

container
Grootkist

karton
Karton

kærre
Koor

kurv
Korf

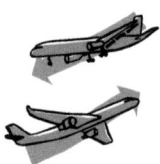

starte / lande
starten / lannen

by
Stadt

landsby
Dörp

bymidte
Binnenstadt

hus
Huus

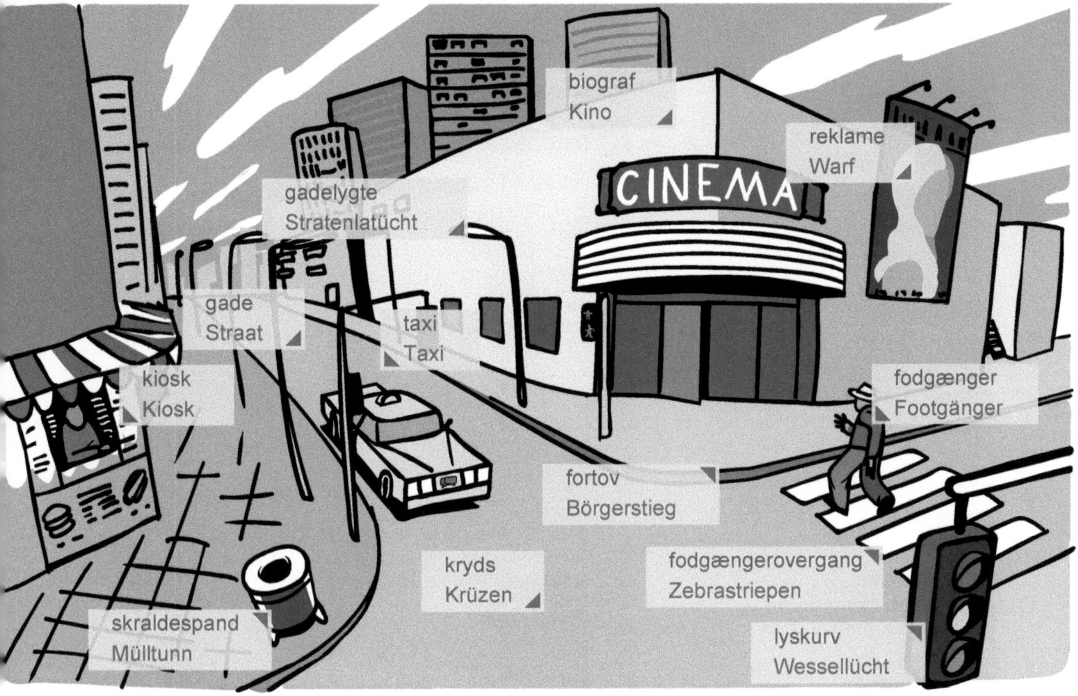

biograf
Kino

reklame
Warf

gadelygte
Stratenlatücht

CINEMA

gade
Straat

taxi
Taxi

kiosk
Kíosk

fodgænger
Footgänger

fortov
Börgerstieg

kryds
Krüzen

fodgængerovergang
Zebrastriepen

skraldespand
Mülltunn

lyskurv
Wessellücht

hytte
Hütt

lejlighed
Wahnung

banegård
Bahnhoff

rådhus
Raathuus

museum
Museum

skole
School

universitet
Universität

bank
Bank

sygehus
Krankenhuus

hotel
Hotel

apotek
Afteek

kontor
Büro

boghandel
Bookhökerie

butik
Hökerie

blomsterbutik
Blomenhökerie

supermarked
Supermarkt

marked
Markt

stormagasin
Koophuus

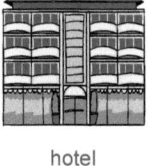

fiskehandler
Fischhökerie

butikscenter
Inkoopszentrum

havn
Haven

park

Parkanlaag

bænk

Bank

bro

Brüch

trappe

Trepp

undergrundsbane

Ünnergrundbahn

tunnel

Tunnel

busstoppested

Busstoppsteed

barnevogn

Bar

restaurant

Spieslokal

postkasse

Breefkassen

vejskilt

Stratenschild

parkometer

Parkklock

zoo

Deertenpark

badeanstalt

Baadanstalt

moske

Moschee

bondegård	miljøforurening	kirkegård
Buernhoff	Ümweltversmudden	Karkhoff

kirke	legeplads	tempel
Kark	Speelplatz	Tempel

landskab
Landschop

blad
Blatt

vejviser
Wiespahl

vej
Weg

eng
Wisch

sten
Steen

træ
Boom

vandrer
Wannerer

flod
Fluss

græs
Gras

blomst
Bloom

dal

Daal

bjerg

Barg

sø

See

skov

Holt

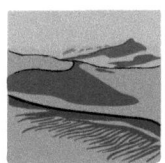

ørken

Wööst

vulkan

Füerspien Barg

slot

Slott

regnbue

Regenbagen

svamp

Poggenstohl

palme

Palm

moskito

Steekmück

flue

Fleeg

myre

Miegeemk

bi

Imm

edderkop

Spinn

bille

Sebber

frø

Pogg

egern

Katteker

pindsvin

Swienegel

hare

Haas

ugle

Uul

fugl

Vagel

svane

Swaan

vildsvin

Wildswien

hjort

Hirsch

elg

Elk

dæmning

Staudamm

vindmølle

Windrad

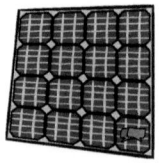

solcellemodul

Solarmodul

klima

Klima

tjener
Kellner

spisekort
Spieskoort

stol
Stohl

suppe
Supp

pizza
Pizza

bestik
Bestick

borddug
Dischdeek

forret

Vörspies

hovedret

Haupteten

dessert

Nadisch

drikkevarer

Drünk

mad

Eten

flaske

Buddel

fastfood

Fastfood

streetfood

Strateneten

tekande

Teekann

sukkerdåse

Zuckerdoos

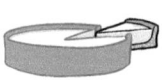

portion

Portschoon

espressomaskine

Espressomaschien

barnestol

Hoochstohl

faktura

Reken

tablet

Tablett

kniv

Mess

gaffel

Gavel

ske

Lepel

teske

Teelepel

serviet

Munddook

glas

Glas

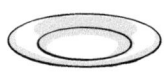

tallerken

Töller

dyb tallerken

Suppentöller

underkop

Ünnertass

sovs

Sooß

saltbøsse

Soltstreuer

peberkværn

Pepermöhl

eddike

Etig

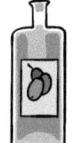

olie

Ööl

krydderier

Krüder

ketchup

Ketchup

sennep

Mostrich

mayonnaise

Mayonnaise

supermarked
Supermarkt

tilbud
Anbott
FOR
kunde
Kunn
mælkeprodukter
Melkprodukten
frugt
Aaft
indkøbsvogn
Inkoopswagen

BUTCHERS

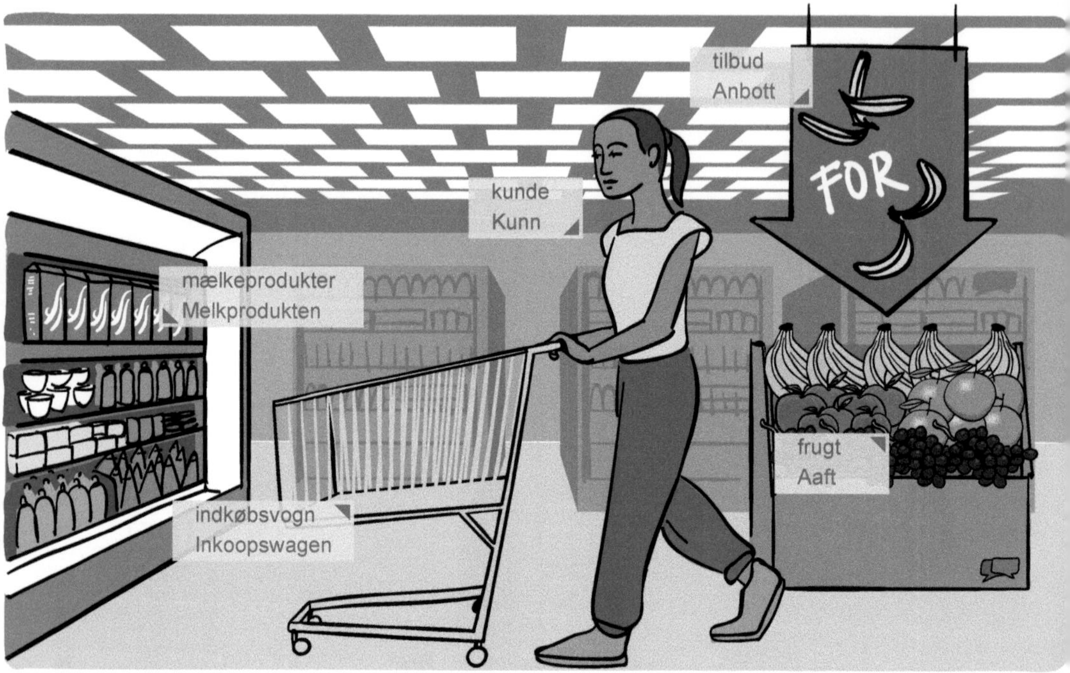

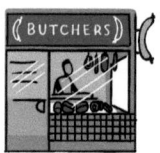

slagter

Slachterie

BAKERY

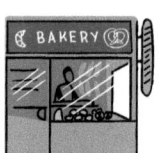

bageri

Bäckerie

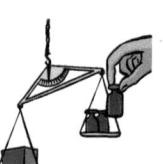

veje

wegen

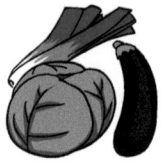

grøntsager

Gröönsaken

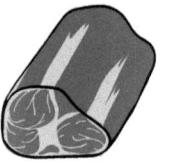

kød

Fleesch

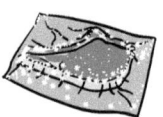

frostvarer

Deepköhlkost

pålæg

Opsnitt

konserves

Konserven

vaskemiddel

Waschmiddel

slik

Snoopkraam

husholdningsvarer

Huushooltssaken

rengøringsmidler

Reinmaaktüüch

ekspedient

Verköpersche

kasse

Kass

kasserer

Kasserer

indkøbsliste

Inkoopslist

åbningstider

Opsparrtieden

tegnebog

Breeftasch

kreditkort

Kreditkoort

taske

Tasch

plasticpose

Plastiktüüt

vand

Water

saft

Saft

mælk

Melk

cola

Cola

vin

Wien

øl

Beer

alkohol

Spriet

kakao

Kakao

te

Tee

kaffe

Koffie

espresso

Espresso

cappuccino

Cappucino

banan

Banaan

æble

Appel

appelsin

Appelsien

melon

Meloon

citron

Zitroon

gulerod

Wöttel

hvidløg

Knuuvlook

bambus

Bambus

løg

Zibbel

svamp

Poggenstohl

nødder

Nööt

nudler

Nudeln

spaghetti

Spaghetti

ris

Ries

salat

Salat

pomfritter

Pommes frites

stegte kartofler

Braadkantüffeln

pizza

Pizza

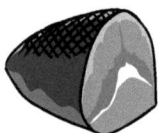

hamburger

Hamborger

sandwich

Sandwich

schnitzel

Snitzel

skinke

Schinken

salami

Salami

pølse

Wust

kylling

Hohn

steg

Braden

fisk

Fisch

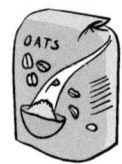

havregryn

Haverflocken

mysli

Müsli

cornflakes

Cornflakes

mel

Mehl

croissant

Croissant

rundstykke

Rundstück

brød

Broot

toast

Toast

kiks

Keksen

smør

Botter

kvark

Quark

kage

Koken

æg

Ei

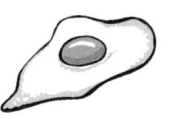

spejlæg

Spegelei

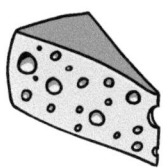

ost

Kees

is
les

sukker
Zucker

honning
Honnig

marmelade
Marmelaad

nougat-creme
Nougat-Creme

karry
Curry

bondegård
Buernhoff

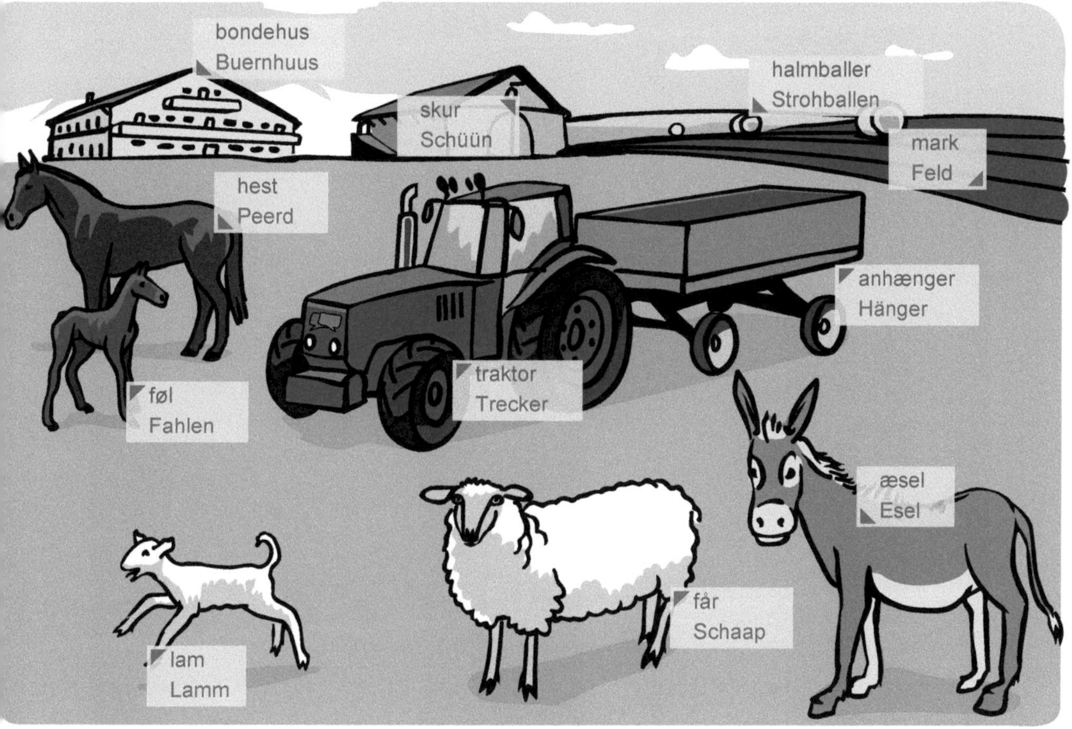
bondehus
Buernhuus
skur
Schüün
halmballer
Strohballen
mark
Feld
hest
Peerd
anhænger
Hänger
føl
Fahlen
traktor
Trecker
æsel
Esel
får
Schaap
lam
Lamm

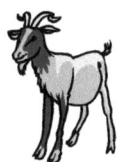

ged

Zeeg

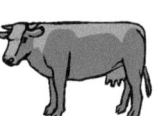

ko

Koh

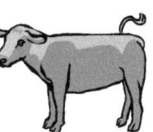

kalv

Kalf

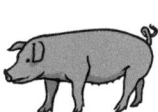

svin

Swien

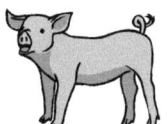

gris

Farken

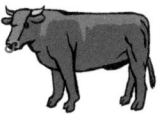

tyr

Bull

gås

Goos

and

Aant

kylling

Küken

høne

Hohn

hane

Hahn

rotte

Rott

kat

Katt

mus

Muus

okse

Oss

hund

Hund

hundehus

Hunnenhütt

haveslange

Goornslauch

vandkande

Geetkann

le

Lee

plov

Ploog

segl
Sich

hakkejern
Hack

møggreb
Mestfork

økse
Ext

trillebør
Schuufkoor

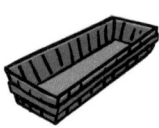

trug
Trog

mælkekande
Melkkann

sæk
Sack

hæk
Tuun

stald
Stall

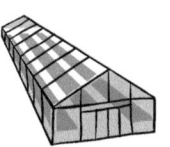

drivhus
Drievhuus

jord
Bodden

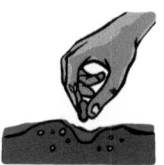

frø
Saat

gødning
Dünger

mejetærsker
Meihdöscher

høste
oornen

høst
Oorn

yams
Yamswöttel

hvede
Weten

soja
Soja

kartoffel
Kantüffel

majs
Törksche Weten

raps
Rapp

frugttræ
Aaftboom

maniok
Troopsch Kantüffel

korn
Koorn

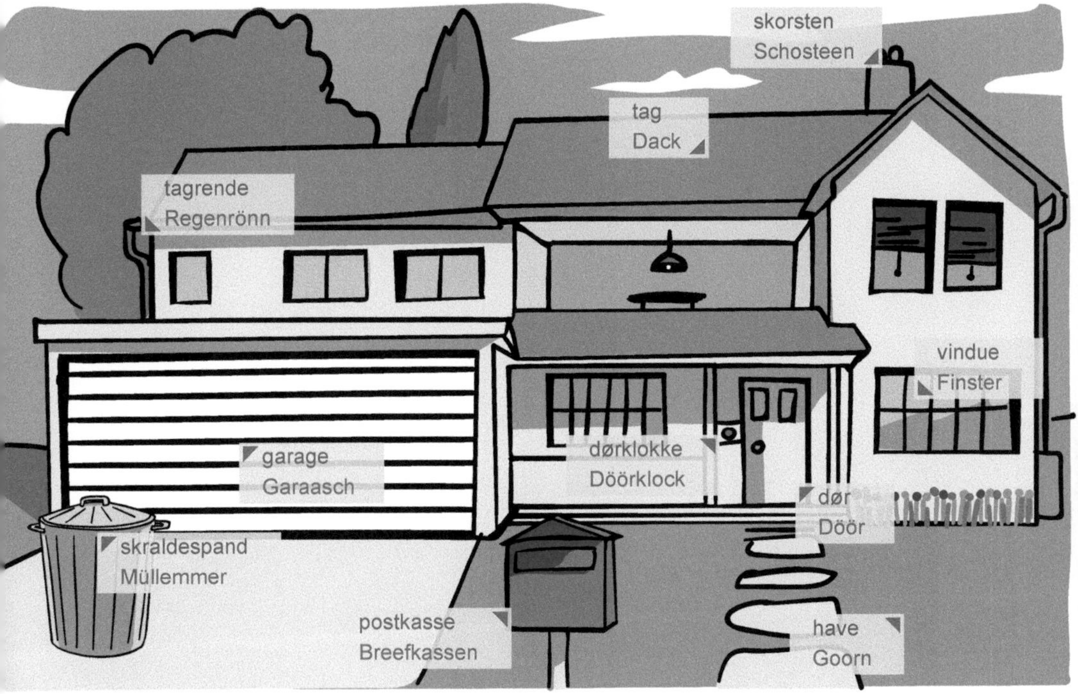

skorsten
Schosteen

tag
Dack

tagrende
Regenrönn

vindue
Finster

garage
Garaasch

dørklokke
Döörklock

dør
Döör

skraldespand
Müllemmer

postkasse
Breefkassen

have
Goorn

stue

Wahnstuuv

badeværelse

Baadstuuv

køkken

Köök

soveværelse

Slaapstuuv

børneværelse

Kinnerstuuv

spisestue

Eetstuuv

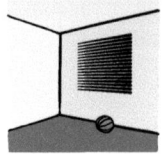

gulv

Footbodden

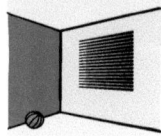

væg

Wand

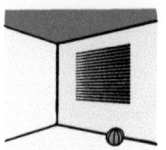

loft

Deek

kælder

Keller

sauna

Hittluftbad

altan

Balkon

terrasse

Terrass

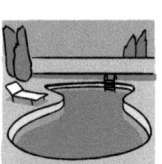

svømmehal

Swümmbad

plæneklipper

Rasenmeiher

dynebetræk

Bettbetog

dyne

Bettdeek

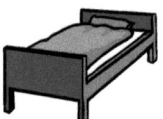

seng

Puuch

kost

Bessen

spand

Emmer

kontakt

Schalter

stue
Wahnstuuv

tapet
Tapeet
billede
Bild
lampe
Lamp
reol
Regal
skab
Schapp
fjernsyn
Kiekkassen
pejs
Kamin
blomst
Bloom
pude
Küssen
sofa
Sofa
vase
Vaas
fjernbetjening
Feernbedenen

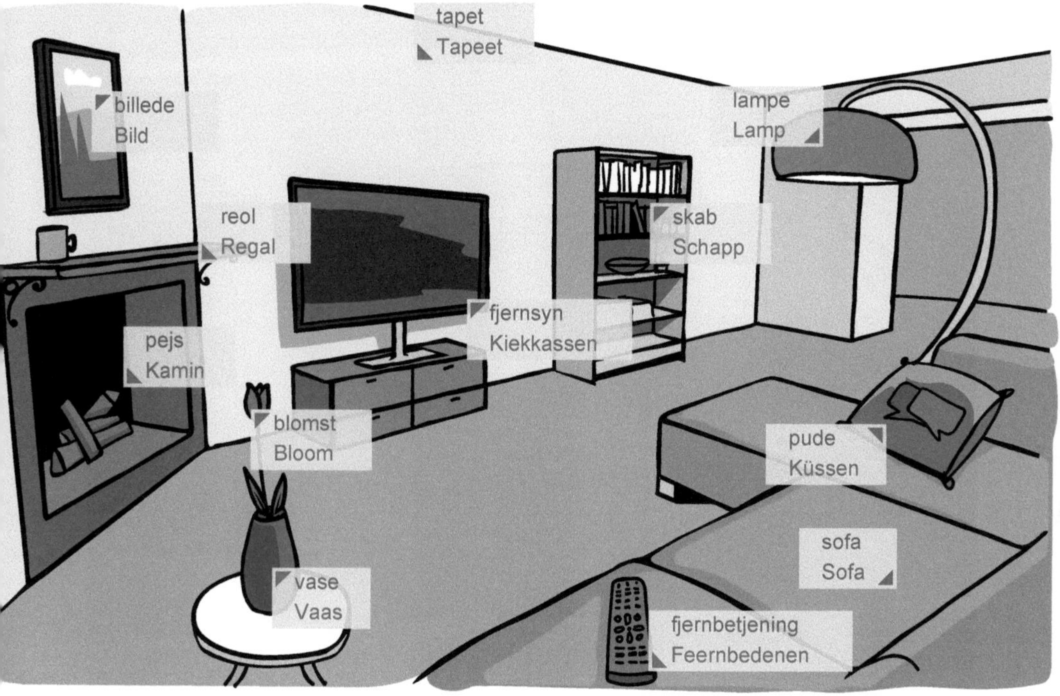

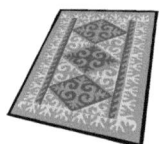

gulvtæppe

Teppich

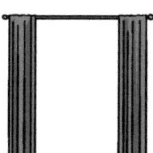

gardin

Vörhang

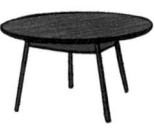

bord

Disch

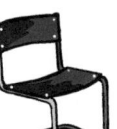

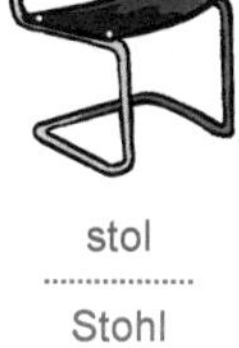

stol

Stohl

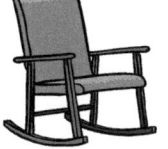

gyngestol

Schuckelstohl

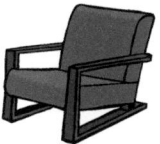

lænestol

Sessel

bog

Book

tæppe

Deek

dekoration

Dekoratschoon

brænde

Füerholt

film

Film

stereoanlæg

Stereoanlaag

nøgle

Slötel

avis

Narichtenblatt

maleri

Gemälde

plakat

Poster

radio

Radio

notesblok

Opschrievblock

støvsuger

Huulbessen

kaktus

Kaktus

lys

Kars

køkken
Köök

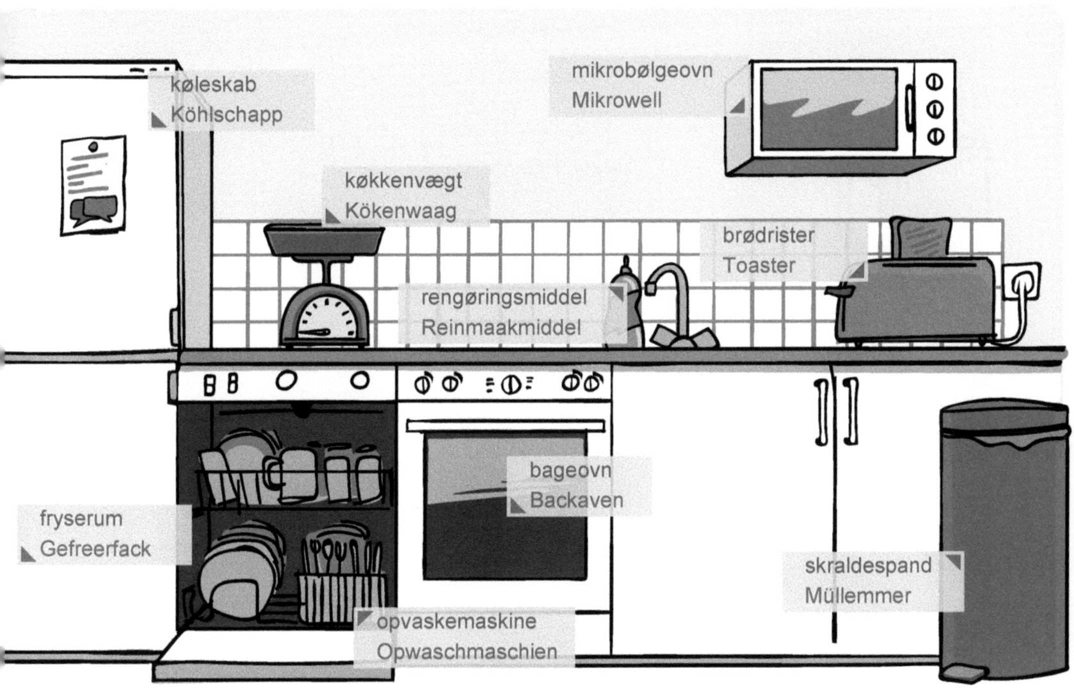
køleskab
Köhlschapp
mikrobølgeovn
Mikrowell
køkkenvægt
Kökenwaag
brødrister
Toaster
rengøringsmiddel
Reinmaakmiddel
bageovn
Backaven
fryserum
Gefreerfack
skraldespand
Müllemmer
opvaskemaskine
Opwaschmaschien

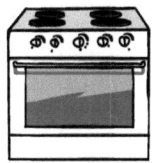

komfur

Heerd

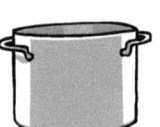

gryde

Pott

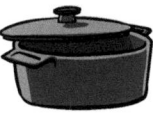

jerngryde

Gussiesern Putt

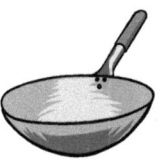

wok / kadai

Wok / Kadai

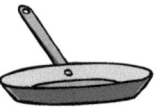

pande

Pann

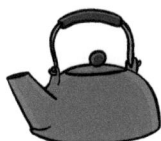

elkedel

Waterkaker

dampkoger

Dampkaakputt

bageplade

Backblick

service

Geschirr

bæger

Beker

skål

Schaal

spisepinde

Eetsticken

øseske

Suppenkell

paletkniv

Pannenwenner

piskeris

Sneebessen

dørslag

Kaakseef

si

Seef

rive

Riev

morter

Mörser

grille

Grill

ildsted

Füerstell

skærebræt

Sniedbrett

kagerulle

Nudelholt

proptrækker

Proppentrecker

dåse

Doos

dåseåbner

Dosenaapner

grydelap

Pottlappen

køkkenvask

Waschbecken

børste

Böst

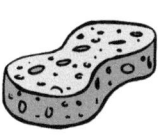

svamp

Swamm

blender

Mixer

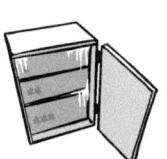

dybfryser

lesschapp

sutteflaske

Nuckelbuddel

vandhane

Waterhahn

badeværelse
Baadstuuv

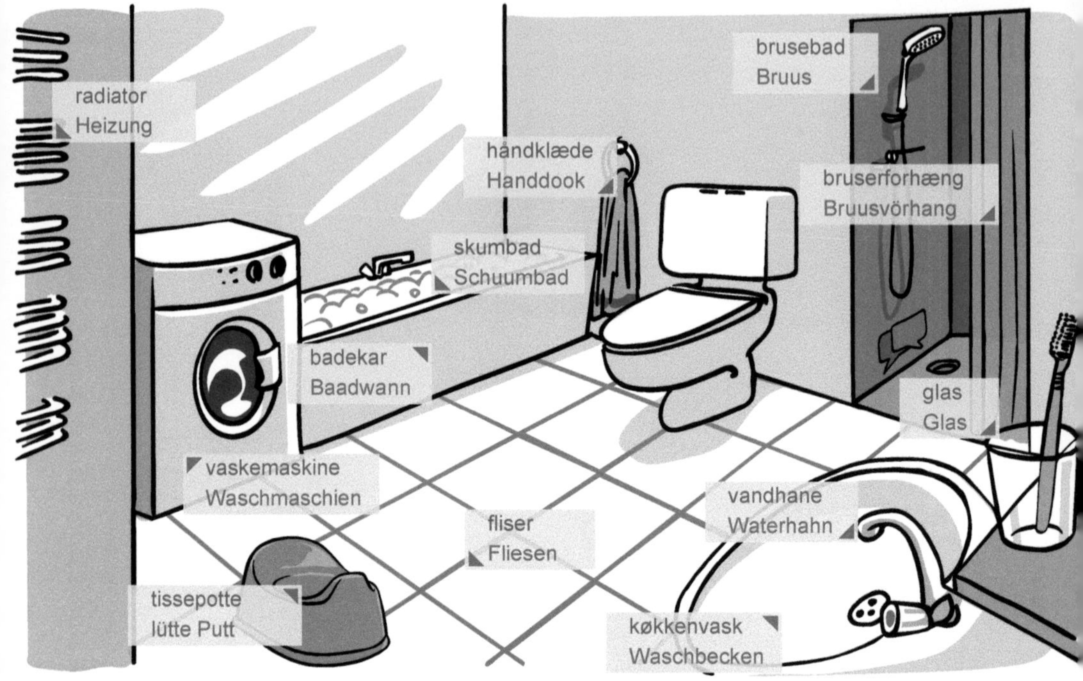

brusebad
Bruus
radiator
Heizung
håndklæde
Handdook
bruserforhæng
Bruusvörhang
skumbad
Schuumbad
badekar
Baadwann
glas
Glas
vaskemaskine
Waschmaschien
vandhane
Waterhahn
fliser
Fliesen
tissepotte
lütte Putt
køkkenvask
Waschbecken

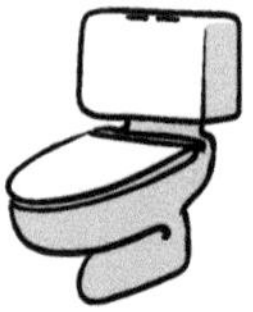

toilet
Tante Meier

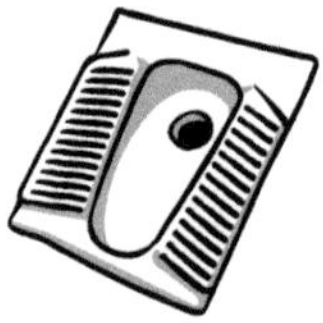

hugsiddende toilet
Hockklo

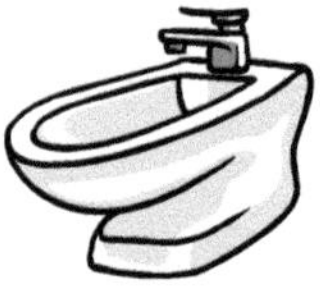

bidet
Bidet

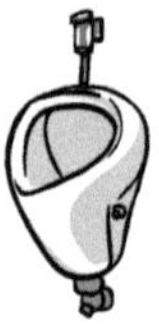

pissoir
Miegbecken

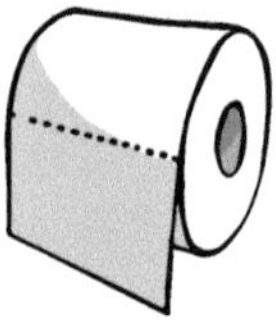

toiletpapir
Klopapeer

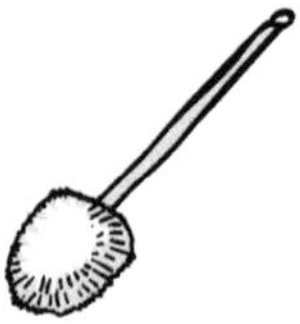

toiletbørste
Kloböst

tandbørste

Tähnböst

tandpasta

Tähnpast

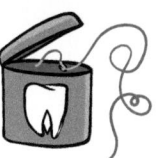

tandtråd

Tähnsied

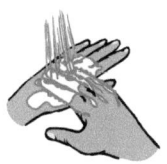

vaske

waschen

håndbruser

Handbruus

intimbruser

Intimbruus

vaskefad

Waschschöttel

badebørste

Rüchböst

sæbe

Seep

brusegele

Bruusgeel

shampoo

Hoorwaschmiddel

vaskeklud

Waschlappen

afløb

Afloop

creme

Creme

deodorant

Deodorant

spejl

Spegel

kosmetikspejl

Kosmetikspegel

barberhøvl

Raserer

barberskum

Raseerschuum

barbervand

Raseerwater

kam

Kamm

børste

Böst

hårtørrer

Hoordröger

hårspray

Hoorspray

makeup

Smink

læbestift

Lippensticken

neglelak

Nagellack

vat

Watt

neglesaks

Nagelscheer

parfume

Rüükwater

toilettaske

Kulturbüdel

skammel

Schemel

vægt

Waag

badekåbe

Baadmantel

gummihandsker

Gummihanschen

tampon

Tampon

damebind

Damenbinn

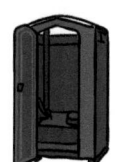

kemisk toilet

Chemieklo

børneværelse
Kinnerstuuv

vækkeur
Wecker
bamse
Knudeldeert
legetøjsbil
Speeltüüchauto
skralde
Klöter
dukkehus
Poppenhuus
gave
Geschenk

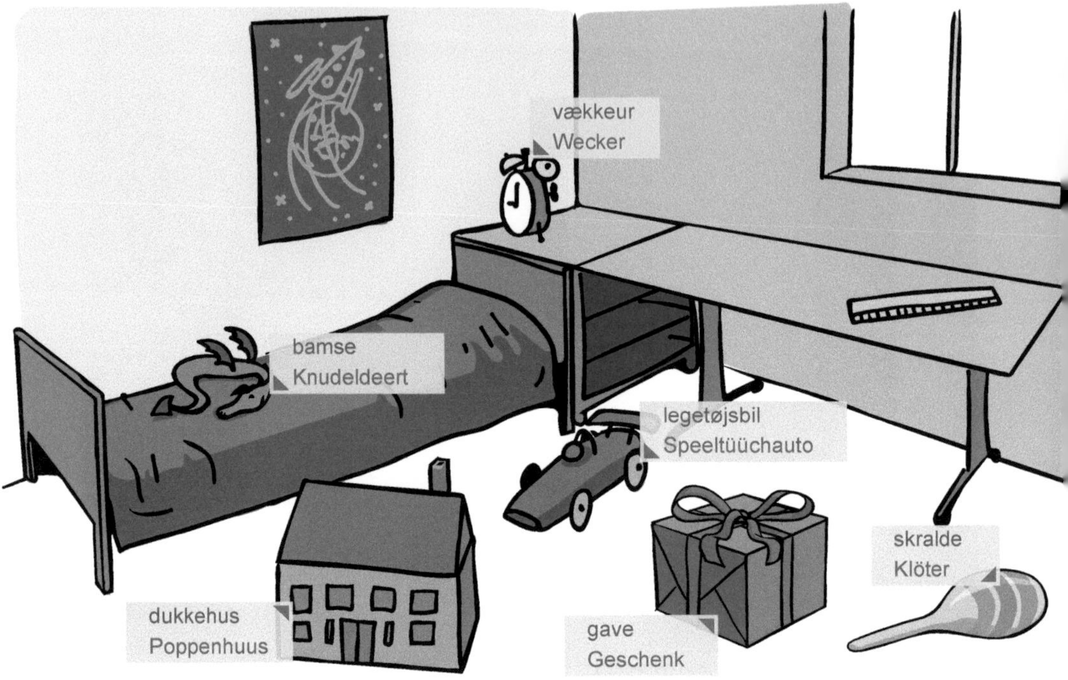

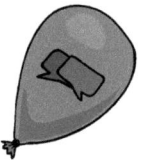

ballon

Luftballon

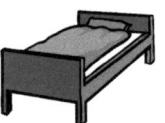

seng

Puuch

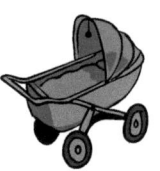

barnevogn

Kinnerwagen

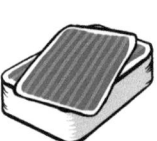

kortspil

Koortenspeel

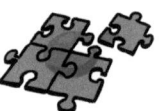

puslespil

Puzzle

SUPER MEGA

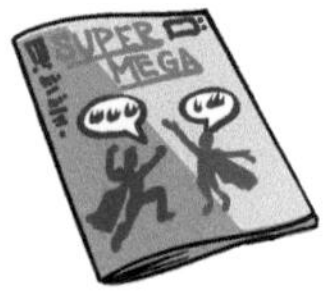

tegneserie

Billergeschicht

legoklodser

Legostenen

byggeklodser

Bustenen

action figur

Action-Figur

sparkedragt

Strampelantog

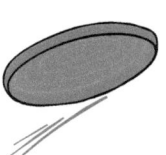

frisbee

Frisbeeschiev

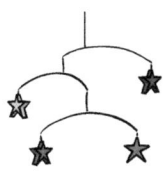

uro

Mobile

brætspil

Brettspeel

terning

Wörpel

modeljernbane

Modelliesenbahn

sut

Snuller

fest

Party

billedbog

Billerbook

bold

Ball

dukke

Popp

lege

spelen

sandkasse

Sandkassen

gynge

Schuckel

legetøj

Speeltüüch

spillekonsol

Speelkonsool

trehjulet cykel

Dreerad

bamse

Teddyboor

klædeskab

Klederschapp

tøj

Tüüch

sokker

Socken

strømper

Strümp

strømpebukser

Strumpbüx

sjal
Halsdook

paraply
Paraplü

T-shirt
T-Shirt

bælte
Liefreem

støvler
Stevel

hjemmesko
Puuschen

sneakers
Turnschoh

sandaler	sko	gummistøvler
Sandalen	Schoh	Gummistevel
underbukser	BH	undertrøje
Ünnerbüx	Bostholler	Ünnerhemd

body
Lief

bukser
Büx

jeans
Jeansnüx

nederdel
Rock

bluse
Bluus

skjorte
Hemd

pullover
Pullover

sweatshirt
Kapuzenpullover

blazer
Blazer

jakke
Jack

frakke
Mantel

regnfrakke
Övertrecker

kostume
Kostüm

kjole
Kleed

brudekjole
Hochtietskleed

jakkesæt

Antog

nattrøje

Nachtkleed

pyjamas

Slaapantog

sari

Sari

hovedtørklæde

Koppdook

turban

Turban

burka

Burka

kaftan

Kaftan

abaya

Abaya

badedragt

Baadantog

badebukser

Baadbüx

korte bukser

Korte Büx

træningsdragt

Antog to'n Öven

forklæde

Schört

handsker

Handschoh

knap

Knopp

briller

Brill

armbånd

Armband

kæde

Halskeed

ring

Ring

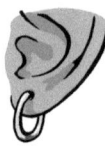

ørering

Ohrbummel

hue

Mütz

bøjle

Klederbögel

hat

Hoot

slips

Binner

lynlås

Rietslüter

hjelm

Helm

seler

Drachtband

skoleuniform

Schooluniform

uniform

Uniform

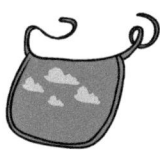

hagesmæk

Severböten

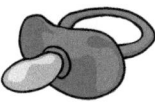

sut

Snuller

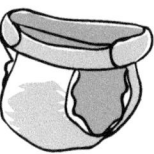

ble

Winnel

kontor

Büro

server
Server
arkivskab
Aktenschapp
printer
Drucker
papir
Papeer
skærm
Bildschirm
skrivebord
Schrievdisch
mus
Muus
mappe
Orner
tastatur
Knoopboord
papirkurv
Papeerkorf
computer
Computer
stol
Stohl

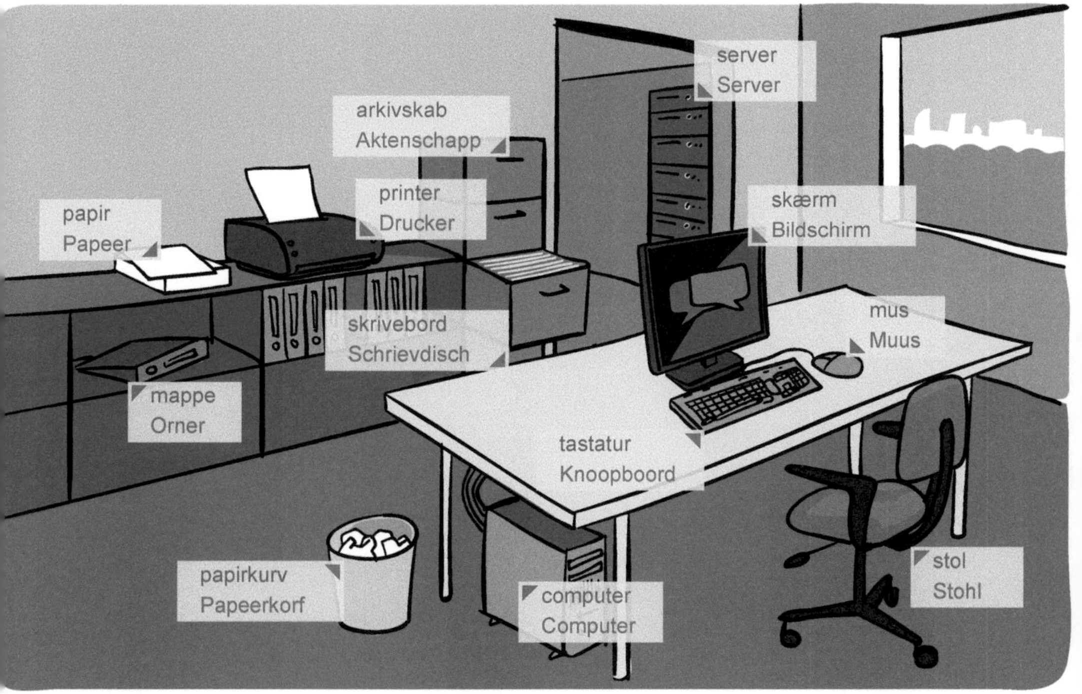

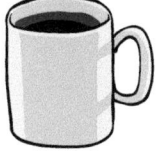

kaffekrus

Koffiebeker

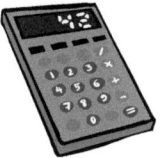

lommeregner

Taschenreekner

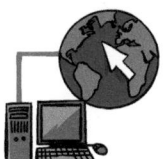

internet

Internet

bærbar

Klappreekner

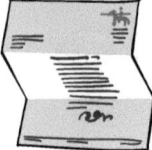

brev

Breef

besked

Naricht

mobil

Ackersnacker

netværk

Nettwark

kopimaskine

Kopeerapparat

software

Software

telefon

Klöönkassen

stikdåse

Steekdoos

fax

Faxapparat

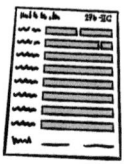

formular

Formulor

dokument

Dokument

købe

köpen

betale

betahlen

handle

hanneln

penge

Geld

dollar

Dollar

euro

Euro

yen

Yen

rubel

Ruvel

schweizerfranc

Swiezer Franken

renminbi yuan

Renminbi Yuan

rupee

Rupie

hæveautomat

Geldautomat

vekselkontor

Wesselstuuv

guld

Gold

sølv

Sülver

olie

Ööl

energi

Energie

pris

Pries

kontrakt

Verdrag

skat

Stüer

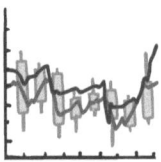

aktie

Andeelschien

arbejde

arbeiden

ansat

Anstellte

arbejdsgiver

Arbeitgever

fabrik

Fabrik

butik

Hökerie

erhverv
Profeschonen

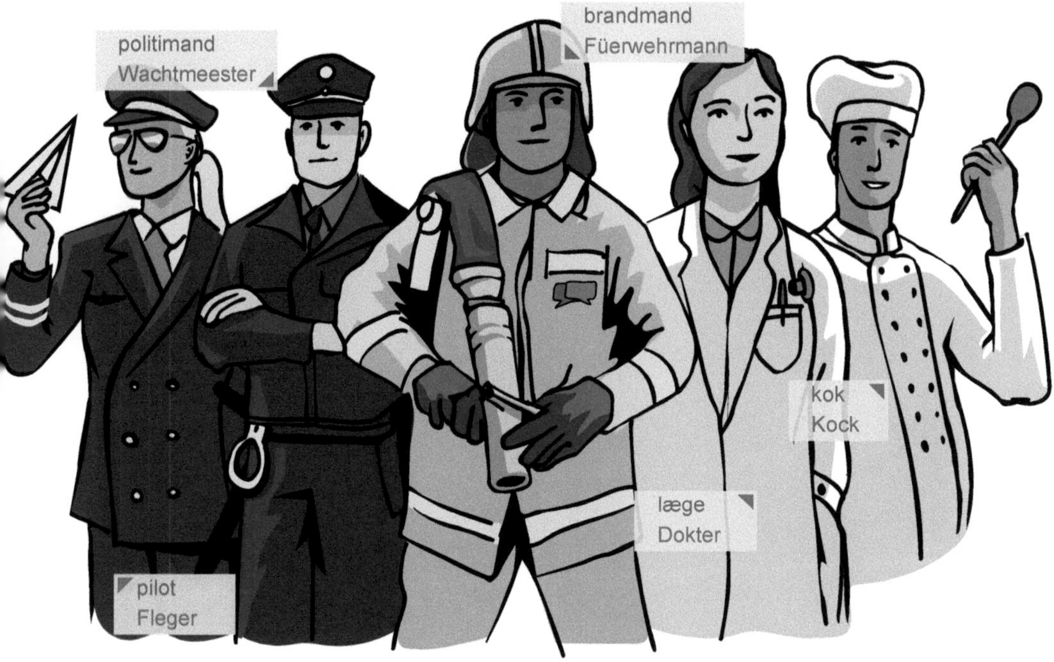

politimand
Wachtmeester
brandmand
Füerwehrmann
kok
Kock
læge
Dokter
pilot
Fleger

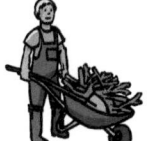

gartner

Goorner

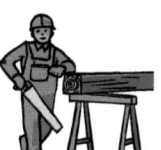

tømrer

Discher

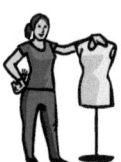

syerske

Neihersche

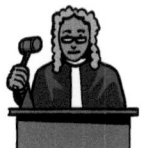

dommer

Richter

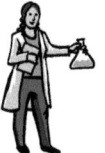

kemiker

Chemiker

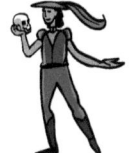

skuespiller

Schauspeler

buschauffør

Busfohrer

taxachauffør

Taxifohrer

fisker

Fischer

rengøringskone

Reinmaakfru

tagdækker

Dackdecker

tjener

Kellner

jæger

Jäger

maler

Maler

bager

Bäcker

elektriker

Elektriker

bygningsarbejder

Buarbeider

ingeniør

Ingenieur

slagter

Slachter

vvs-mand

Klempner

postbud

Postbüdel

soldat

Suldat

arkitekt

Architekt

kasserer

Kasserer

blomsterhandler

Florist

frisør

Putzbüdel

togfører

Schaffner

mekaniker

Mechaniker

kaptajn

Kaptein

tandlæge

Tähndokter

videnskabsmand

Wetenschopler

rabbiner

Rabbi

imam

Imam

munk

Mönk

præst

Paap

værktøj
Warktüüch

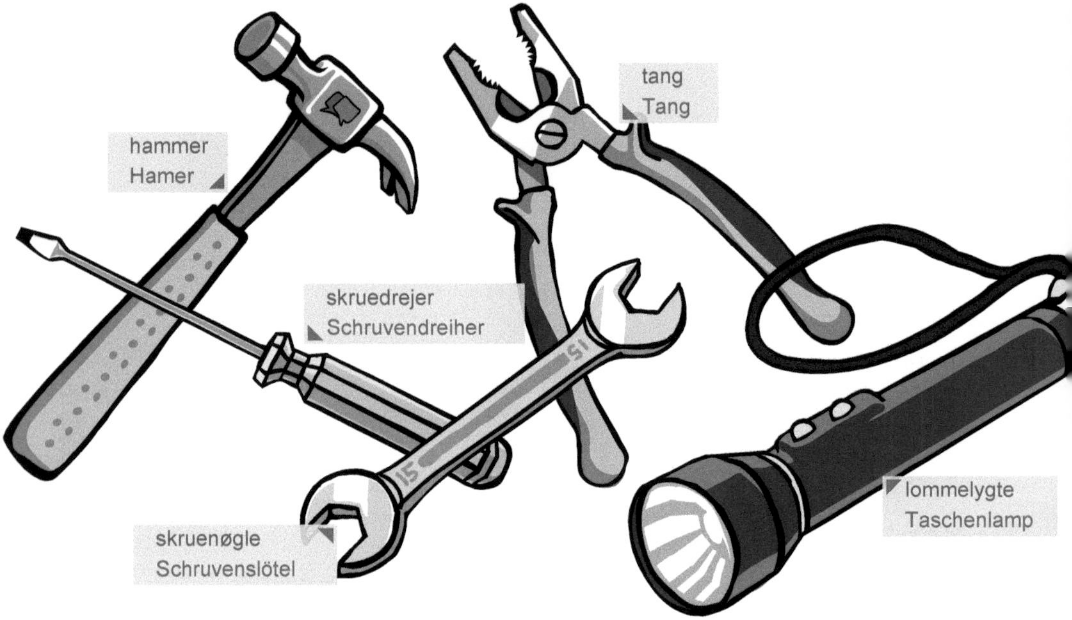
hammer
Hamer
tang
Tang
skruedrejer
Schruvendreiher
skruenøgle
Schruvenslötel
lommelygte
Taschenlamp

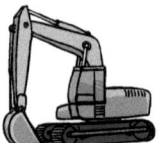

gravemaskine

Grieper

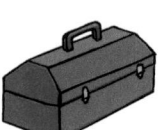

værktøjskasse

Warktüüchkassen

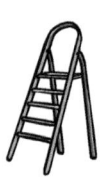

stige

Ledder

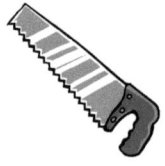

sav

Saag

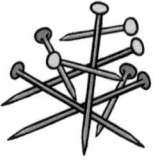

søm

Nagels

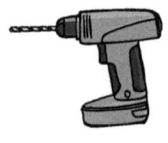

bor

Bohrer

reparere

heelmaken

skovl

Schüffel

Lort!

Schiet!

fejebakke

Kehrblick

malerspand

Farvpott

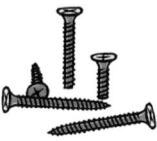

skruer

Schruven

musikinstrumenter
Musikinstrumenten

højttaler
Luutsnacker

trommer
Slagtüüch

guitar
Rietfiedel

kontrabas
Bass-Vigelien

trompet
Trumpeet

klaver

Klaveer

violin

Vigelien

bas

Bass

pauke

Pauk

tromme

Trummeln

keyboard

Keyboard

saxofon

Saxophon

fløjte

Fleut

mikrofon

Mikrofoon

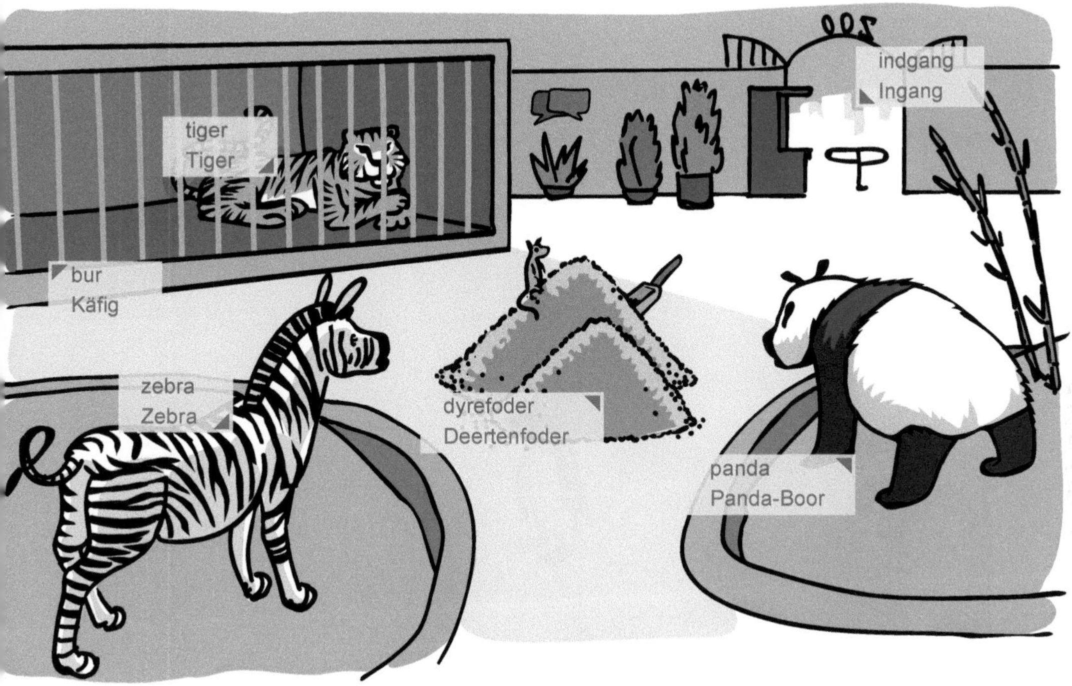

indgang
Ingang

tiger
Tiger

bur
Käfig

zebra
Zebra

dyrefoder
Deertenfoder

panda
Panda-Boor

dyr
Deerten

elefant
Elefant

kænguru
Känguru

næsehorn
Neeshoorn

gorilla
Gorilla

bjørn
Boor

kamel

Kameel

struds

Struuß

løve

Lööv

abe

Aap

flamingo

Flamingo

papegøje

Papagoi

isbjørn

Iesboor

pingvin

Pinguin

haj

Haifisch

påfugl

Pageluun

slange

Slang

krokodille

Krokodil

dyrepasser

Oppasser in'n Deertenpark

sæl

Saalhund

jaguar

Jaguor

pony
Pony

leopard
Leopard

flodhest
Nilpeerd

giraf
Giraff

ørn
Aadler

vildsvin
Wildswien

fisk
Fisch

skildpadde
Schildkrööt

hvalros
Walross

ræv
Voss

gazelle
Gazell

amerikansk football
Amerikaansch Football

cykling
Radfohren

tennis
Tennis

basketball
Korfball

svømning
Swümmen

boksning
Boxen

ishockey
Ieshockey

fodbold
Football

badminton
Fedderball

atletik
Leichtathletik

håndbold
Handball

skiløb
Skilopen

polo
Polo

springe
springen

grine
lachen

give et knus
ümarmen

gå
gahn

synge
singen

drømme
drömen

bede
beden

kysse
snuteln

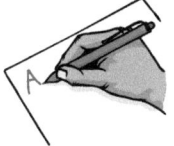

skrive

schrieven

tegne

teken

vise

wiesen

skubbe

drücken

give

geven

tage

nehmen

have
hebben

gøre
doon

være
sien

stå
stahn

løbe
lopen

trække
trecken

kaste
smieten

falde
fallen

ligge
liggen

vente
töven

bære
dregen

sidde
sitten

tage på
antrecken

sove
slapen

vågne
opwaken

se på
ankieken

græde
wenen

ae
eien

kæmme
kämmen

tale
snacken

forstå
verstahn

spørge
fragen

høre
hören

drikke
drinken

spise
eten

rydde op
oprümen

elske
leefhebben

koge
kaken

køre
fohren

flyve
flegen

sejle

segeln

regne

reken

læse

lesen

lære

lehren

arbejde

arbeiden

gifte sig med

de Plünnen tohoopsmieten

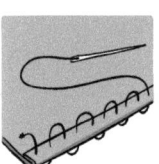

sy

neihen

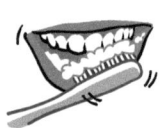

børste tænder

Tähnen putzen

dræbe

dootmaken

ryge

smöken

sende

schicken

bedstemor
Grootmoder

bedstefar
Grootvadder

far
Vadder

mor
Moder

baby
Winnelkind

datter
Dochter

søn
Söhn

gæst

Gast

tante

Tant

onkel

Unkel

bror

Broder

søster

Süster

krop
Lief

pande
Vörkopp
øje
Oog
skulder
Schuller
finger
Finger
ansigt
Gesicht
hage
Kinn
hånd
Hand
ben
Been
bryst
Bost
arm
Arm

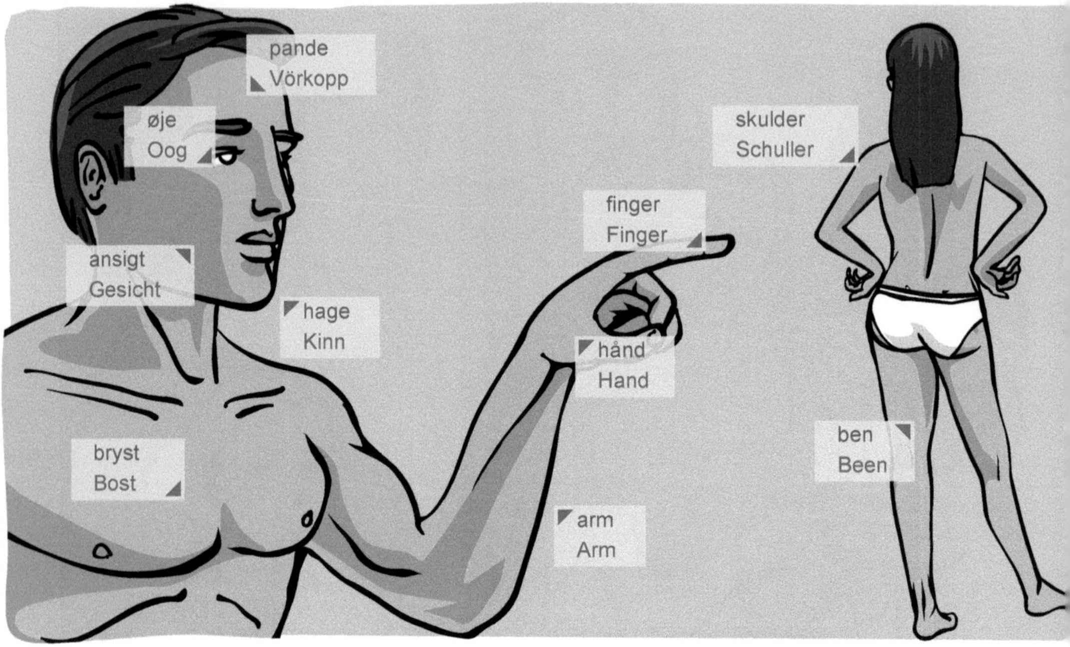

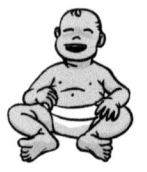

baby

Winnelkind

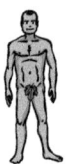

mand

Mann

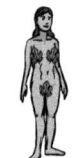

kvinde

Fro

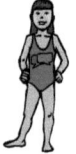

pige

Deern

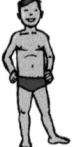

dreng

Jung

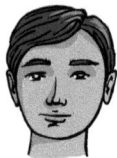

hoved

Arm

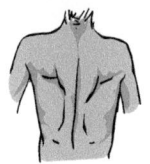

ryg

Rüch

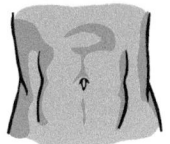

mave

Buuk

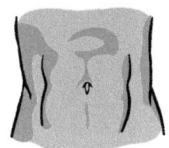

navle

Navel

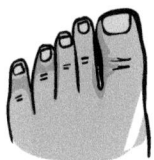

tå

Teh

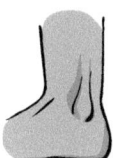

hæl

Hack

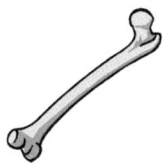

knogle

Knaken

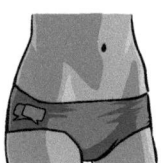

hofte

Hüft

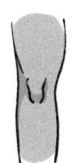

knæ

Knee

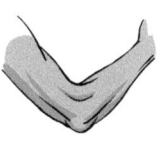

albue

Ellbagen

næse

Nees

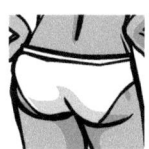

bagdel

Achtersen

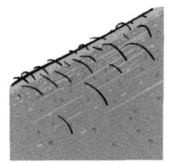

hud

Huut

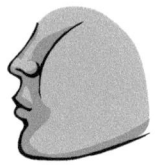

kind

Back

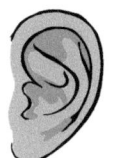

øre

Ohr

læbe

Lipp

mund

Mund

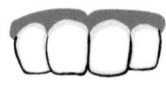

tand

Tähn

tunge

Tung

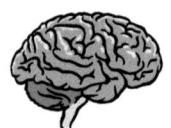

hjerne

Bregen

hjerte

Hart

muskel

Muskel

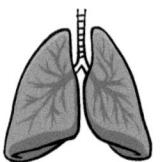

lunge

Lung

lever

Lever

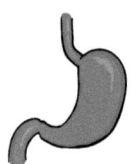

mavesæk

Maag

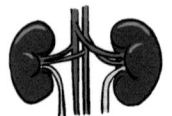

nyrer

Neren

sex

Bislaap

kondom

Kondoom

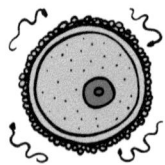

ægcelle

Eizell

sperm

Sperma

svangerskab

Anner Ümstänn

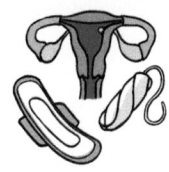

menstruation

Menstruatschoon

vagina

Scheed

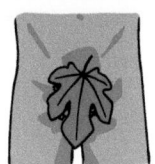

penis

Pint

øjenbryn

Ogenbroe

hår

Hoor

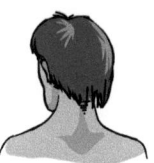

hals

Hals

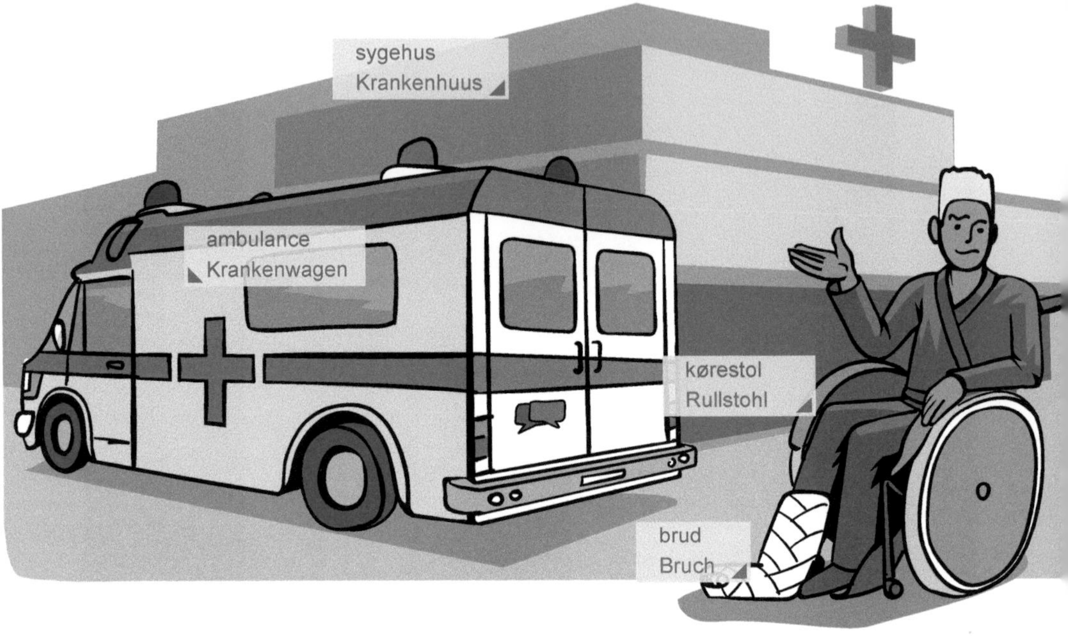

sygehus
Krankenhuus

ambulance
Krankenwagen

kørestol
Rullstohl

brud
Bruch

læge

Dokter

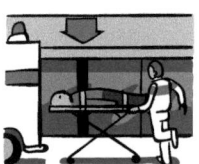

akutmodtagelse

Nootopnahm

sygeplejerske

Krankensüster

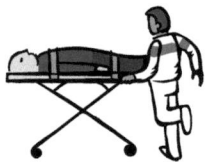

nødstilfælde

Nootfall

bevidstløs

ahnmächtig

smerte

Wehdaag

skade

Verwunnen

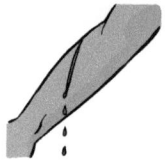

blødning

Blöden

hjerteinfarkt

Hartinfarkt

slagtilfælde

Slaganfall

allergi

Allergie

hoste

Hoosten

feber

Fever

influenza

Gripp

diarré

Dörchfall

hovedpine

Koppwehdaag

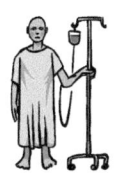

kræft

Kreeft

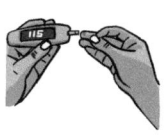

diabetes

Zuckersüük

kirurg

Chirurg

skalpel

Chirurgsch Mess

operation

Operatschoon

CT
CT

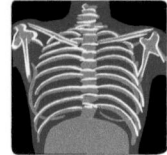

røntgen
Dörchlüchten

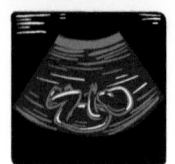

ultralyd
Ultraschall

maske
Mask

sygdom
Krankheit

venteværelse
Töövruum

krykke
Krück

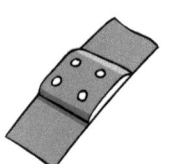

plaster
Plaaster

forbinding
Verband

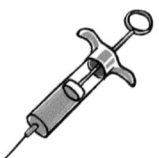

injektion
Insprütten

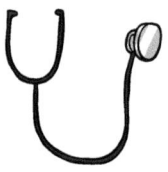

stetoskop
Stethoskop

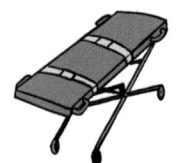

båre
Draag

termometer
Feverthermometer

fødsel
Geboort

overvægt
Övergewicht

høreapparat
Hööraparat

desinficerende middel
Kiemfriemiddel

infektion
Ansteken

virus
Virus

HIV / AIDS
HIV / AIDS

medicin
Heelmiddel

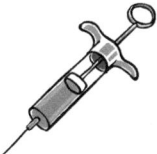

vaccination
Impen

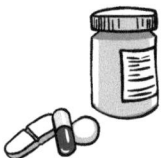

tabletter
Tabletten

pille
Pill

nødopkald
Nootroop

blodtryksmåler
Blootdruck-Meter

syg / rask
krank / gesund

Hjælp!

Hölp!

alarm

Alarm

overfald

Överfall

angreb

Angreep

fare

Gefohr

nødudgang

Nootutgang

Det brænder!

Füer!

ildslukker

Füerlöscher

uheld

Unfall

førstehjælps-kuffert

Noothölpkoffer

SOS

SOS

politi

Polizei

Europa

Europa

Nordamerika

Noordamerika

Sydamerika

Süüdamerika

Afrika

Afrika

Asien

Asien

Australien

Australien

Atlanterhavet

Atlantik

Stillehavet

Pazifik

Indiske Ocean

Indisch Weltmeer

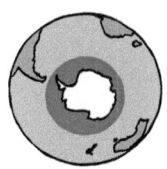

Sydlige Ishav

Antarktisch Weltmeer

Ishav

Arktisch Weltmeer

Nordpol

Noordpol

Sydpol

Süüdpol

Antarktis

Antarktis

Jorden

Eerd

land

Land

hav

See

ø

Eiland

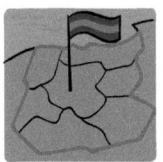

nation

Natschoon

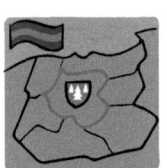

stat

Staat

urskive

Tallenblatt

timeviser

Stunnenwieser

minutviser

Minutenwieser

sekundviser

Sekunnenwieser

Hvad er klokken?

Wo laat is dat?

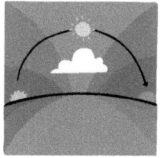

dag

Dag

tid

Tiet

nu

nu

digitalur

digetaalsch Klock

minut

Minuut

time

Stunn

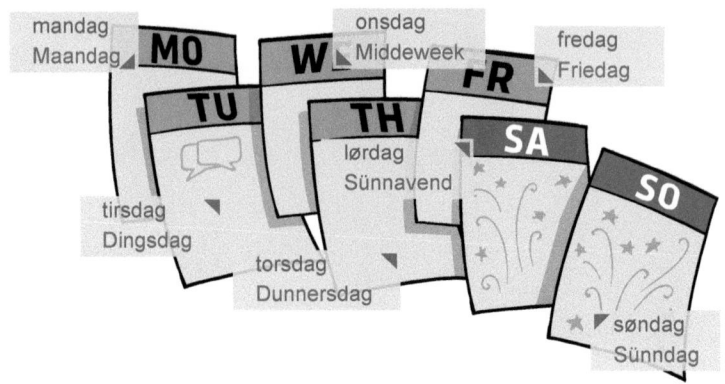

i går
güstern

i dag
hüüt

i morgen
morgen

morgen
Morgen

middag
Meddag

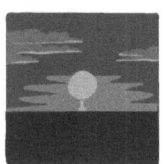

aften
Avend

MO	TU	WE	TH	FR	SA	SU
1	2	3	4	5	6	7
8	9	10	11	12	13	14
15	16	17	18	19	20	21
22	23	24	25	26	27	28
29	30	31	1	2	3	4

arbejdsdage
Arbeitsdaag

MO	TU	WE	TH	FR	SA	SU
1	2	3	4	5	6	7
8	9	10	11	12	13	14
15	16	17	18	19	20	21
22	23	24	25	26	27	28
29	30	31	1	2	3	4

weekend
Wekenenn

år
Johr

regn
Regen
regnbue
Regenbagen
vind
Wind
sne
Snee
forår
Fröhjohr
efterår
Harvst
sommer
Sommer
vinter
Winter

4.APRIL 11°
5.APRIL 4°
6.APRIL 13°
7.APRIL 8°
8.APRIL 10°

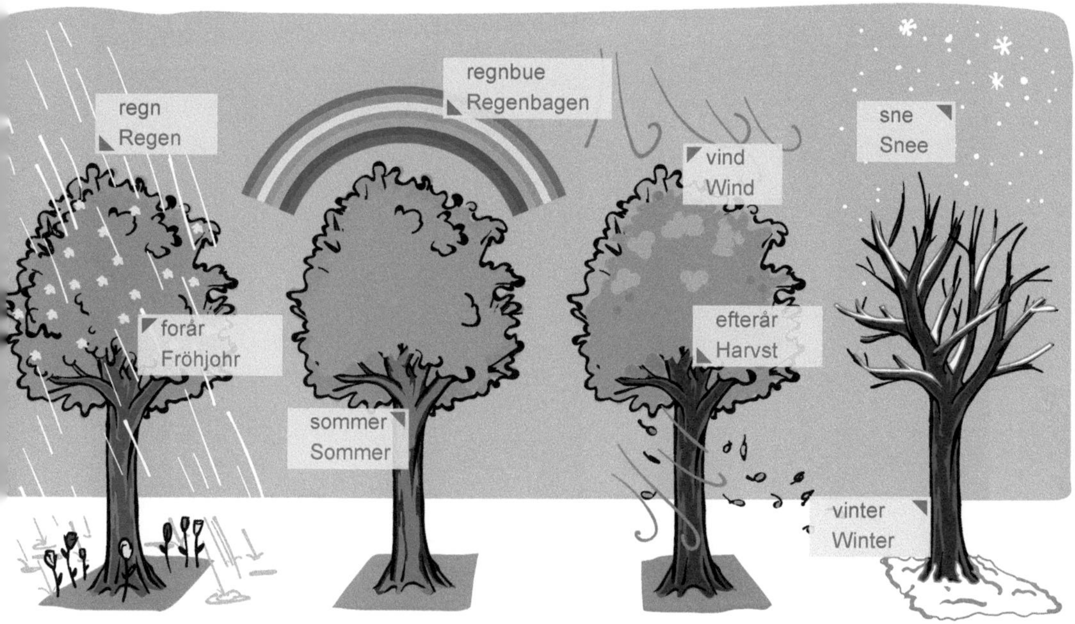

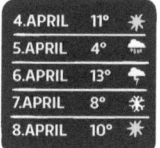

vejrudsigt

Wedervörhersaag

F
C
120
90
60
30
0
-30
40
30
20
10
0
-10
-20

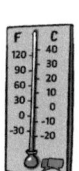

termometer

Thermometer

solskin

Sünnenschien

sky

Wulk

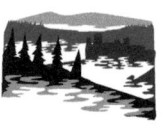

tåge

Nevel

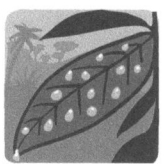

luftfugtighed

Luftfuchtigkeit

lyn

Blitz

torden

Dunner

storm

Storm

hagl

Hagel

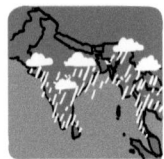

monsun

Monsun

flod

Floot

is

Ies

januar

Januormaand

februar

Februormaand

marts

Martmaand

april

Aprilmaand

maj

Maimaand

juni

Junimaand

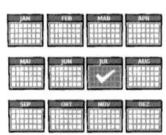

juli

Julimaand

august

Augustmaand

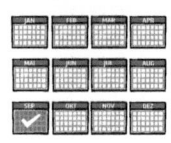

september
Septembermaand

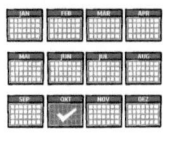

oktober
Oktobermaand

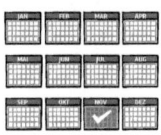

november
Novembermaand

december
Dezembermaand

former
Formen

cirkel
Krink

kvadrat
Quadrat

firkant
Rechteck

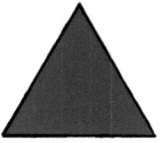

trekant
Dreeeck

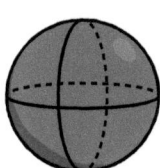

kugle
Kugel

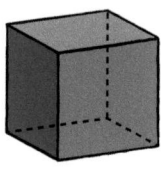

terning
Wörpel

hvid
witt

gul
geel

orange
orangsch

pink
pink

rød
root

lilla
lila

blå
blau

grøn
gröön

brun
bruun

grå
gries

sort
swart

meget / lidt

veel / wenig

rasende / fredelig

böös / verdreeglich

smuk / grim

smuck / mies

begyndelse / slut

Begünn / Enn

stor / lille

groot / lütt

lys / mørk

hell / düüster

bror / søster

Broder / Süster

ren / snavset

schier / schietig

fuldkommen / ufuldkommen

kumpleet / nich kumpleet

dag / nat

Dag / Nacht

død / levende

doot / lebennig

bred / smal

breet / small

spiselig / uspiselig

geneetbor / nich geneetbor

vred / venlig

böös / fründlich

ophidset / kedet

fickerig / langwielt

tyk / tynd

dick / dünn

først / sidst

toeerst / toletzt

ven / fjende

Fründ / Fiend

fuld / tom

vull / leddig

hård / blød

hart / week

tung / let

swoor / licht

sult / tørst

Smacht / Döst

syg / rask

krank / gesund

illegal / legal

nich na't Recht / na't Recht

intelligent / dum

klook / dummerhaftig

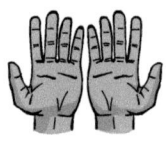

venstre / højre

linkerhand / rechterhand

nær / fjern

neeg / feern

ny / brugt

nieg / bruukt

intet / noget

nix / wat

gammel / ung

oolt / jung

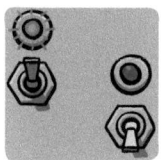

tændt / slukket

an / ut

åben / lukket

apen / slaten

stille / højt

lies / luut

rig / fattig

riek / arm

rigtig / forkert

richtig / verkehrt

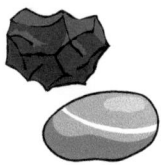

ru / glat

ruug / glatt

ked af det / lykkelig

trurig / glücklich

kort / lang

kort / lang

langsom / hurtig

suutje / flink

våd / tør

natt / dröög

varm / kold

warm / köhl

krig / fred

Krieg / Freden

modsætninger - Gegendelen

0	**1**	**2**
nul	en	to
null	een	twee

3	**4**	**5**
tre	fire	fem
dree	veer	fief

6	**7**	**8**
seks	syv	otte
söss	söven	acht

9	**10**	**11**
ni	ti	elleve
negen	teihn	ölven

12
tolv
twölf

13
tretten
dörteihn

14
fjorten
veerteihn

15
femten
föffteihn

16
seksten
sössteihn

17
sytten
söventeihn

18
atten
achtteihn

19
nitten
negenteihn

20
tyve
twintig

100
hundrede
hunnert

1.000
tusinde
dusend

1.000.000
million
million

engelsk

Engelsch

amerikansk engelsk

Amerikaansch Engelsch

kinesisk mandarin

Chineesch Mandarin

hindi

Hindi

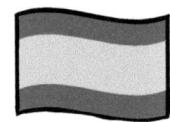

spansk

Spaansch

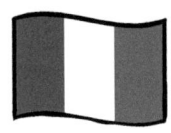

fransk

Franzöösch

arabisk

Araabsch

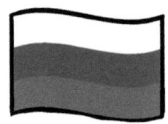

russisk

Rusch

portugisisk

Portugiesch

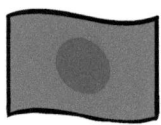

bengalsk

Bengaalsch

tysk

Düütsch

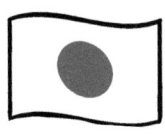

japansk

Japaansch

jeg

ik

du

du

han / hun / den / det

he / se / dat

vi

wi

I

ji

de

se

hvem?

keen?

hvad?

wat?

hvordan?

woans?

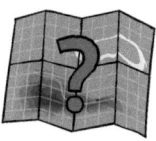

hvor?

woneem?

hvornår?

wannehr?

navn

Naam

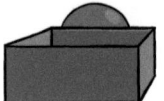

bag

achter

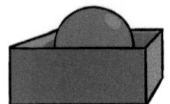

i

in

foran

vör

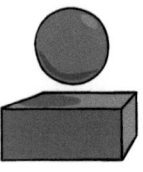

over

över

på

op

under

ünner

ved siden af

blangen

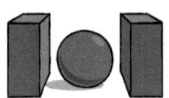

imellem

twüschen

sted

Oort